DISCOURS

SUR

L'UTILITÉ DES ASSÉMBLÉES

PUBLIQUES LITTÉRAIRES,

PAR

M. L. E. MOREAU DE SAINT-MÉRY,

CONSEILLER D'ÉTAT, L'UN DES COMMANDANS

DE LA LÉGION D'HONNEUR,

ADMINISTRATEUR GÉNÉRAL

DES ÉTATS DE PARME, PLAISANCE,

GUASTALLA ETC. ETC.

MEMBRE DE LA SOCIÉTÉ IMPÉRIALE D'AGRICULTURE
DE PARIS, DE LA SOCIÉTÉ LIBRE D'AGRICULTURE DU
DÉPARTEMENT DU DOUBS, DE LA SOCIÉTÉ DES SCIENCES
LETTRES ET ARTS DE PARIS, DE L'ATHÉNÉE DES ARTS
ET DE LA SOCIÉTÉ DES BELLES LETTRES DE LA MÊME
VILLE, DE LA SIMPÉMÉNIE DU RUBICON, DE LA SOCIÉTÉ
PHILOSOPHIQUE DE PHILADELPHIE, ETC. ETC.

À PARME.

IMPRIMÉ PAR BODONI.

MDCCCV.

AVANT-PROPOS.

E_N *1785*, *un membre de l'Acadé-
mie française, connu par ses talens
et ses succès littéraires, ayant bravé
le murmure qu'avait occasionné un
passage de l'une de ses lectures, re-
çut un douloureux témoignage de
mécontentement de la part du public habitué à être respecté lors même
qu'il se trompe.*

*Plusieurs académiciens furent vi-
vement touchés de ce qu'ils croyaient
être un manque de considération*

pour leur corps, et l'un d'eux prononça, dans la séance publique suivante, un discours où il soutint que le public ne devait ni approuver ni désapprouver dans les sociétés savantes déjà illustres, et qu'il ne le pouvait, tout au plus, que dans les associations naissantes, telles que les Musées, par exemple.

Ce fut ce qui donna naissance au discours suivant qui fut prononcé, le 5 Mai 1785, dans une séance publique du Musée de Paris, dont l'auteur était membre.

DISCOURS.

» *JE ne voudrais pas savoir comment le*
» *monde fut fait, à la charge de ne le ré-*
» *véler à personne!* » Paroles mémorables
d'un orateur-philosophe qui montrent un
désir insatiable d'apprendre et qui pei-
gnent encore mieux le besoin de commu-
niquer les connaissances qu'on peut avoir
acquises. Et sans ce besoin, ou plutôt,
sans la possibilité de le satisfaire, quel serait le sort de l'homme! Successivement
héritier des misères et de l'ignorance de
ses pères, les siècles s'accumuleraient sur
les siècles sans aucun avantage pour lui,

et l'univers déjà vieilli le trouverait encore dans l'enfance!

Est-ce là le partage d'un être qui prétend à l'empire du monde et pour lequel ses merveilles semblent avoir été créées, puisque lui seul sait les admirer! Loin de le soumettre d'une manière purement passive à toute la nature, une puissance suprême a voulu qu'il influât sur la nature même, et elle fit jaillir dans son ame une étincelle du feu de son génie créateur.

Mais ces vues sublimes exigeaient encore que l'homme eût un penchant invincible pour se réunir aux autres hommes: isolé, se voyant entouré d'ennemis occupés de sa destruction, il n'aurait pu que s'abandonner au désespoir; en se fortifiant, au contraire, par une ligue générale, il osa se promettre de triompher de tout, le tenta et y parvint!

Ses propres succès l'étonnent et son audace l'emporte même si loin qu'il regarde l'univers comme son domaine, et l'estime des races futures comme un bien qu'il se croit obligé d'acquérir.

Tel est, en effet, le fruit le plus précieux que procure la réunion des hommes en société; le désir d'être utile. C'est ce sentiment pur qui, en échauffant notre coeur, nous fait aimer la vie et nous console de la perdre par l'espérance que nos efforts, quoiqu'insuffisans, serviront à d'autres pour s'approcher du but.

C'est ce sentiment qui a donné naissance aux lettres, aux arts et aux sciences et qui a produit l'émulation chargée de les conserver et de veiller à leur accroissement.

Il faut donc que les hommes se réunissent pour que l'espèce entière y gagne, et s'il était possible que tous les individus dispersés sur le globe se trouvassent rassemblés et doués d'un langage commun, de leurs idées rapprochées comme d'une multitude innombrable de rayons présentés à un même foyer, résulterait une vaste et étonnante lumière qui répandrait sur chaque peuple une clarté plus vive que celle dont brille le plus éclairé d'entr'eux !

Nous voyons même cet effet se produire chaque jour à l'égard des nations qui ont entr'elles une communication intime : admises réciproquement à partager leurs connaissances, leurs inventions, elles s'excitent et les perfectionnent avec plus de rapidité parce que l'émulation, qui n'était d'abord qu'individuelle, devient nationale. L'homme est encore plus avide de savoir lorsque le nombre de ceux auxquels il peut révéler ce qu'il sait, s'augmente, et pour qu'il brûle du désir d'être admiré, il ne lui faut que des admirateurs.

Remarquons le plaisir que goûtent deux personnes instruites, à s'entretenir du sujet de leurs recherches et de leurs espérances: leurs expressions s'animent, la satisfaction se peint dans leurs traits, et si ce sont deux hommes de génie, ils se quittent l'un et l'autre plus grands et plus sûrs d'obtenir les hommages de la postérité.

Puisque la louange méritée a tant d'empire sur le genre humain, puisque le désir d'en être digne est tout-à-la fois et si puissant et si utile, on ne doit pas s'étonner que ceux qui s'y croient des droits se soient associés, afin de la goûter encore mieux: en effet, sans qu'elle ait rien perdu pour chacun de ceux à qui elle est personnelle, elle rejaillit encore sur les autres membres de cette association.

Portons nos regards jusques dans l'antiquité, nous verrons par-tout des sectes, des corporations qui s'efforcent d'attirer les regards du public.

La Grèce, cette partie du monde qui a mérité, par son amour pour les lettres, les sciences et les arts, que toutes les autres se la proposassent pour modèle, avait ses écoles, ses philosophes; jamais les éloges ne furent plus disputés, et jamais aussi il n'y en eut autant de mérités; on venait des extrémités de la terre les offrir comme un tribut à ceux qui avaient rendu Athènes la première ville du monde.

Chez les romains, imitateurs et rivaux des grecs, la soif de la renommée ne fut pas moins ardente et un seul exemple suffira pour nous en convaincre: Cicéron admis dès sa jeunesse dans cette capitale des sciences, interroge un orateur illustre sur la cause de son silence, tandis que tout le monde s'empressait d'applaudir: » *Je plains le sort de la Grèce,* lui » répond celui-ci, *il ne lui restait plus* » *que la gloire de l'éloquence, vous allez*

» *la lui ravir et la transporter aux ro-*
» *mains!* » Cicéron qui prouva que cette
crainte n'était pas vaine, Cicéron que
ses ouvrages rendirent immortel, s'écrie:
» *Je ne voudrais pas savoir comment le*
» *monde fut fait, à la charge de ne le ré-*
» *véler à personne!* »

Et qu'est-il besoin d'autorités lorsqu'il s'agit d'un sentiment inhérent au
coeur humain? Qu'il ose se lever celui
qui prétend qu'on peut se contenter de sa
propre opinion et mépriser l'approbation
ou le blâme d'autrui! Je le dénonce au
genre humain dont il est également la
honte et l'ennemi. Mais ce misanthrope
aigri par ses regrets, n'est pas arrivé au
point où il affecte de se croire; il feint
de vouloir oublier les autres, parce qu'il
redoute d'en être oublié, et sa bizarrerie
n'est qu'un moyen de plus par lequel il
se flatte d'être remarqué!

Par-tout on voit l'homme occupé d'attirer à lui une portion de cet intérêt qui paye si bien ceux qui s'occupent du bonheur des autres, et si nous avons des traits qui nous font ressembler aux peuples dont l'antiquité s'honore, nous devons y compter celui d'être jaloux de captiver l'opinion publique. On rencontre, presque à chaque pas, des établissemens qui ont pour objet de se rendre cette opinion favorable; heureux ceux qui, après avoir reçu toute leur importance de cette opinion, ont la gloire d'influer sur elle à leur tour! plus heureux ceux qui, après avoir obtenu ce précieux avantage, ne l'ont jamais perdu!

Les sociétés littéraires et savantes sont évidemment plus animées encore que des individus isolés, de ce désir si beau d'intéresser le public: les savans, les gens de lettres ne peuvent se passer d'encouragemens, de témoignages d'une estime

devenue leur premier salaire, de l'espoir
d'arriver jusqu'à cette espèce de vénération qui est leur plus douce récompense.
On ne brigue même l'avantage d'être as-
sis au milieu d'eux, que parce que le public est accoutumé à ne voir dans ce
rang distingué que ceux que des talens
et d'utiles travaux y appellent.

De son côté, le public a besoin d'exciter ceux qui se dévouent à des recherches et à des soins pénibles dont il est
toujours l'objet, afin de rendre ce sacri-
fice plus fréquent et de multiplier des
découvertes dont tout le fruit lui appar-
tiendra.

Il semblerait cependant que de nos
jours, graces aux ressources ingénieuses
de l'imprimerie, il serait facile à chacun
de présenter l'offrande de ses talens et
de ne dépendre que d'eux dans le projet
de se faire un nom; mais s'il est des hommes qui peuvent, dès le premier essor,

étonner par la rapidité de leur vol, le nombre en est petit, et les autres ont besoin de s'essayer.

Il est donc indispensable que ceux qui entrent dans la carrière des lettres, des sciences et des arts, consultent long-tems avant de rien hazarder; mais après avoir rencontré, dans des avis particuliers, des leçons utiles et en avoir profité, il faut cependant qu'ils se déterminent à interroger le public. Ils doivent alors s'adresser aux compagnies savantes et tâcher de mériter qu'elles leur accordent auprès du public une recommandation qui prépare les succès, sur-tout quand elle part d'un corps accoutumé à ne la pas prodiguer.

Les sociétés naissantes jouissent aussi de l'avantage, périlleux sans doute, de présenter au public le fruit des efforts de leurs membres; elles n'ont cependant pas auprès de lui les titres qu'une existençe glorieuse assure, mais elles ont un droit à sa bienfaisance, puisqu'elles ont fait le voeu de s'occuper sans cesse des moyens de lui plaire et de l'intéresser.

Ce sont principalement ces dernières sociétés qui ont besoin de soumettre leurs ouvrages à la censure du public, parce qu'elles ne lui offrent le plus souvent que des essais; c'est au public qu'il appartient d'y mettre un prix et de rectifier, s'il le faut, les décisions d'un tribunal privé qui peut avoir erré; ce n'est, en un mot, que par le moyen des assemblées publiques, qu'une association formée par des hommes animés du même esprit et réunis pour s'encourager mutuellement, peut apprendre à s'apprécier elle-même et savoir si elle n'a pas pris de son zèle une idée exagérée!

Mais si ces assemblées sont nécessaires aux sociétés qui naissent, elles sont encore utiles aux autres, quelqu'en soit l'éclat et l'ancienneté. Dépositaires d'une portion de l'autorité du public en matière de goût et de choix, elles ne peuvent que gagner en l'appellant pour être témoin de la manière dont elles l'exercent, et comme pour lui faire l'hommage d'un droit qu'elles ne tiennent que de lui.

A ce mot de droit, il me semble entendre des personnes qu'il choque, me demander, si je suppose au public celui d'approuver et d'improuver dans les assemblées littéraires, et si, en le lui accordant, j'incline à croire qu'il puisse en faire usage sans être obligé de distinguer la nature des corps dont il se permettra de juger les productions.

Jamais peut-être on ne fut forcé de disputer sur une prérogative essentielle en présence de celui qu'elle intéresse, surtout lorsqu'on peut avoir à le redouter. Jamais on n'imagina, sans doute, d'appeller un juge pour examiner en sa présence la nature de ses pouvoirs, mais les dangers mêmes de l'entreprise serviraient à me couvrir de honte si je cherchais à fuir; je vais donc être téméraire, puisque c'est l'unique parti qu'il me soit glorieux de tenter.

Pour déterminer, avec quelque précision, la nature du droit qui nous occupe en ce moment, examinons d'abord ce que c'est que le public.

On peut le définir comme un corps démocratique qui jouit de cet avantage particulier que tous ses membres sont des juges-nés qui, pour en exercer les fonctions, n'ont besoin que d'être réunis en un certain nombre proportionné à l'importance et à la nature de l'objet sur lequel ils doivent prononcer. Les membres du public n'ont ni brevets, ni tribunal fixe, ni juridiction circonscrite: leur titre, c'est leur présence; leur sénat, le lieu où ils se rencontrent; leur territoire, le globe entier. Etrangers les uns aux autres, agités d'opinions diverses, il se forme cependant entr'eux un sentiment général qui a toute la force d'une loi; mais cette espèce de législation a d'autres caractères qui lui sont propres. Ce qu'elle règle n'existe nulle-part et se trouve invoqué par-tout. C'est un oracle sans ambiguité qui prononce dès qu'on le consulte. On ne sait cependant à qui demander compte des décisions du public, parce que personne ne se reconnaît à cette expression générique et indéterminée, mais dès qu'on déclare que tel lieu est ouvert au public, on le voit aussitôt se reproduire, reparaître, et se préparer à décider sur tout ce qu'on voudra lui soumettre.

Ainsi, se décomposant sans cesse et ne s'anéantissant jamais, n'existant précisément en aucun lieu marqué, quoique prêt à se réunir, à se former au premier

signal; jugeant de tout et dans mille en-
droits au même instant; différent suivant
le génie des nations, mais dangereux chez
toutes, lorsqu'il est aigri; quelquefois bizarre dans sa composition, mais toujours
craint et respecté; souffrant qu'on appelle
à lui-même de ses propres arrêts, mais
faisant payer cher alors la peine de les
confirmer; enfin admettant ceux auxquels il n'a pas été favorable à prononcer
avec lui sur le sort des autres; tel est ce
souverain, en quelque sorte invisible, qui
commande à l'univers et qui assigne im-
périeusement aux rois, aux nations même, la place qu'ils doivent occuper dans
l'histoire.

Si cette définition est exacte, il n'est
pas difficile de régler la première partie
de la question; et d'ailleurs qui char-
gerait-on de décider que le public ne
doit pas manifester ses jugemens? Serait-
ce le public lui-même? Espérer qu'il pût

y consentir, c'est connaître mal un être dont toutes les parties ont leur esprit, leur énergie. Serait-ce celui qui fait au public l'offrande de ses talens, de son génie même? Le contraste de son opinion avec sa conduite serait trop bizarre. Serait-ce enfin une portion du public qui, s'érigeant en aristocratie, soutiendrait qu'elle seule a le droit de juger? Mais son droit ne pouvant être qu'une émanation du droit universel du public, il ne ferait que confirmer davantage ce dernier.

Supposons même qu'on fût parvenu, contre toute vraisemblance, à obtenir de chaque individu qu'il renonçât à se considérer comme une portion du public; en les réunissant ensuite, on retrouverait encore le public; car dans une assemblée quelconque, ce n'est pas le sentiment général que chacun prétend exprimer, mais seulement le sien; ce n'est que de la réunion de ces sentimens particuliers que

se forme celui du public. Il prononcerait
donc, il aurait donc un langage lors même
qu'il aurait été convenu qu'il ne sub-
sisterait plus.

Félicitons-nous plutôt de ce qu'il
existe un tribunal suprême dont les pré-
rogatives ne se conservent que parce
qu'elles appartiennent à tous les habitans
du globe. Si le public cessait d'être juge,
que deviendrait notre opinion réduite à
ne se plus montrer que comme purement
personnelle? Comment connaîtrions-nous
le juste prix qu'il faut accorder même aux
vérités, s'il n'existait plus de moyens
de s'exprimer sur leur plus ou moins
grande utilité? Que deviendrait l'émulation, que deviendrait le génie, si un silence mortel regnait autour d'eux? Quelle
serait la récompense des vertus, quel se
rait le frein des tyrans, si une voix uni-
verselle ne pouvait plus honorer les unes
et dénoncer les autres à la postérité?

Pour mieux sentir de quelle utilité sont les droits du public, considérons qu'il ne saurait rien perdre, rien acquérir qui ne tourne à l'avantage ou au détriment de ses membres. Lui interdire un droit quelconque, c'est donc se nuire à soi-même, c'est s'enlever un privilège qu'on peut avoir l'occasion d'exercer et dont la privation ne peut manquer d'exciter des regrets.

Les compagnies savantes sont intéressées sur-tout à ce que les droits du public demeurent entiers, puisque c'est pour lui qu'elles mettent leurs travaux en commun, et qu'elles ne jouissent que par son estime. Comment celles de ces compagnies qui ont obtenu l'avantage précieux de l'instruire, pourraient-elles apprécier les progrès que les lumières qu'elles répandent ont produit sur son esprit, si elles ne l'interrogeaient pas quelquefois? C'est dans ces jours solennels qu'on voit se renouveller, en quelque sorte, le pacte qui existe entre les corps littéraires et le public, et qui consiste, d'une part, à tout employer pour obtenir un suffrage favorable, et de l'autre, à partager, en l'accordant, la satisfaction de ceux qui le reçoivent.

Mais ne serait-il pas possible, dira-t-on peut-être, d'accorder au public le droit d'approuver, et de lui interdire le droit contraire? Sans doute: ce moyen existe, mais l'art de le mettre toujours en pratique est précisément le point qui embarasse.

N'offrir jamais au public que ce qu'il doit applaudir, voilà le seul secret connu pour lui défendre très-impérieusement d'improuver, et ce secret ne sera jamais aussi souvent employé qu'il le désire lui même. Mais, vouloir que la satisfaction ait un langage et que le mécontentement n'en ait point, c'est créer des sensations et les détruire selon le besoin qu'on en a; c'est changer en ridicule automate un être qui ne doit se mouvoir que par sa propre énergie. Autant vaudrait se contenter d'une perspective ingénieuse qui offrirait une foule innombrable d'auditeurs dessinés sous tous les traits et dans toutes les attitudes qu'on peut donner à des approbateurs.

Le public a donc, rigoureusement parlant, le droit d'approuver et celui de condamner, et ils sont tellement unis que lui en ôter un, c'est lui ravir tous les deux: il est essentiel néanmoins qu'il n'use pas indifféremment de ce dernier, et, c'est en le prouvant, que nous répondrons à la seconde partie de la question.

Si l'on peut regarder comme constant que le public ne saurait faire aucun abus de la faculté d'applaudir dans les assemblées littéraires, parce que la délicatesse de son goût s'oppose à ce qu'il ne devienne louangeur outré, il n'en est pas de même de la censure. Elle diffère de l'approbation, non-seulement parce qu'elle lui est diamétralement opposée, mais encore parce qu'elle est susceptible d'une plus grande variété. Le public a trois moyens de la rendre sensible; le premier, c'est son silence dont la sombre horreur contriste celui qui s'était promis de l'intéresser ou de l'émouvoir; le second, qu'on ne connait bien que par son effet, consiste dans un murmure confus qui, troublant l'orateur, le fait hésiter, et lui apprend, mais trop tard, à ne pas trop présumer de ses forces; le troisième, c'est l'abandon du lieu où on le fatigue. S'il en existe d'autres, ils sont indignes de lui, lorsqu'il est admis dans les assemblées des compagnies littéraires.

Celles-ci ne l'invitent que pour lui faire l'hommage libre de leurs talens ou même de leurs efforts pour en obtenir.

C'est, si j'ose m'exprimer ainsi, une fête qu'on prépare, non comme la plus brillante qui puisse être offerte, mais comme la plus propre à peindre l'affection, les égards même de celui qui la donne pour celui qu'il veut célébrer: il réunit, autant qu'il le peut, ce qu'il croit propre à le flatter, et moins il est riche, plus il s'efforce de satisfaire quelques-uns de ses goûts.

Et qui pourrait, dans un pareil jour, se résoudre à dire avec colère qu'il est mal satisfait, à répandre la consternation où il devait porter la joie! Le silence, et peut-être est-il encore trop cruel, mais le silence suffit. Ce n'est pas même alors le seul dessein de se conformer à une loi que l'honnêteté a dictée qui doit déterminer le public, il a un intérêt plus grand et plus réel à ne pas faire éclater une sévérité qui lui deviendrait nuisible.

On peut ranger dans trois classes les compagnies savantes suivant leur rapport avec le public. Dans la première, il faut placer celles qui se sont distinguées par des talens supérieurs, par de grands succès; dans la seconde, viennent celles qui se font déjà remarquer d'une manière flatteuse, et dans la troisième seront celles qui n'ont encore de titres que leur zèle, leurs travaux assidus, quelques essais capables de présager un avenir heureux.

Supposons donc, pour un instant, que le public crût nécessaire de paraître constamment rigoureux, le premier effet de sa résolution, une fois manifestée, serait, pour les corps de la première classe, de leur faire craindre de perdre, dans un seul jour, la gloire d'un siècle entier; pour les autres, de leur faire appréhender de ne jamais atteindre celle qu'ils osaient se promettre; pour les derniers enfin, de les décourager et de les arrêter dès les premiers pas faits dans la carrière. Toutes, comme de concert, chercheraient à se garantir d'une censure devenue accablante: elles n'auraient donc plus de juges qu'elles-mêmes, plus de rivalités que celles qui nuisent au progrès des connaissances, parce qu'elles tiennent plus aux personnes qu'aux choses; enfin, la décadence serait inévitable!

Mais qu'on n'aille pas imaginer que le public doive se montrer bienveillant plutôt pour l'une de ces trois classes que pour les autres; qu'on ne croie pas surtout que les sociétés naissantes qui n'ont d'autre appui qu'elles-mêmes peuvent suffire au public, s'il veut exercer une censure indéfinie, et qu'il doive une vénération aveugle à celles que le tems a rendues célèbres. Sans doute, une réputation éclatante donne droit à des égards, mais une réputation éclatante a aussi ses dangers: elle trace dans l'opinion une ligne au dessous de laquelle il n'est plus permis de descendre, et si ce malheur arrive,

il faut redoubler d'efforts pour le réparer. De son côté, le public doit se garder
d'humilier ceux qu'il avait déjà élevés au
rang suprême, et s'il est forcé d'observer
qu'ils n'y sont pas toujours restés, que sa
remarque n'ait pas la dureté du reproche,
car elle anéantirait un courage qu'il ne
saurait jamais trop exciter.

Cet esprit de modération lui convient
encore mieux par rapport aux sociétés
qui commencent à se former. C'est le
plus souvent par des essais timides qu'on
fait les premiers pas vers la gloire, vers
l'immortalité. Il faut soutenir l'arbrisseau
dont les branches utiles peuvent porter
un jour des fruits délicieux: si l'on dé-
daigne sa faiblesse, si l'on porte le fer
dans sa racine, c'en est fait, l'on a détruit
jusqu'à ses espérances!

Après avoir dit qu'il est de l'avantage
du public d'être indulgent, il ne faut pas
lui taire que cette qualité se mêle même

à sa justice. Une lecture rapide, ou une exposition momentanée ne suffit pas toujours pour mettre à portée de fixer irrévocablement le sort d'un ouvrage. Sans doute, lorsque le public est rassemblé, et que ceux qui le composent éprouvent tous la même sensation, on doit croire qu'il s'est formé un résultat vrai et conforme aux principes du goût. Cependant l'ensemble même a ses illusions, ses prestiges; un mouvement impulsif peut déterminer quelquefois, et tel ne fait que céder, lorsqu'il pense n'avoir dépendu que de soi-même!

Quel serait le dédommagement que le public pourrait accorder à celui envers lequel il aurait commis une erreur? Comment pourrait-il réparer l'atteinte qu'il aurait portée à des droits peut-être sûrs pour captiver l'estime publique? Trop noble pour ne pas sentir qu'on s'élève, même en se rétractant, il en aurait le

désir sans doute, mais son premier juge-
ment serait prononcé; mille échos l'auraient répété jusqu'aux extrémités du
monde, et si l'objet de son injustice invo-
lontaire en avait été découragé au point
de ne plus rien entreprendre, le mal serait irréparable! Quelles suites affligean-
tes pour un instant de rigueur!

Oui, nous le répétons, le public jouit
incontestablement du droit et d'approuver et de désapprouver, et ses jugemens
ne sont même utiles que parce qu'ils em-
brassent ce double objet; mais il est de
sa dignité de n'exercer son droit qu'en
souverain qui, ne perdant jamais le sentiment de sa grandeur, sait allier sa gé-
nérosité avec sa justice. Soit qu'il blâme,
soit qu'il loue, il doit se garder de sortir
des bornes au delà desquelles il est con-
traint de déposer son auguste caractère.
S'il se prévient, il n'est plus l'organe de
la vérité; s'il se passionne, il n'est plus

ce juge incorruptible chargé d'apprendre aux races futures ce qu'elles doivent penser des faits, des événemens dont il a été le témoin; mais lorsqu'il se respecte lui-même, sa présence inspire une sorte de vénération qui ne détruit pas cette confiance éloignée d'être présomptueuse, et qu'il doit savoir inspirer. C'est dans ces momens qu'on lui paye avec joie un juste tribut d'hommages, sur-tout lorsqu'ils sont partagés par un sexe charmant dont le goût égale les graces.

FIN.

www.ingramcontent.com/pod-product-compliance
Ingram Content Group UK Ltd.
Pitfield, Milton Keynes, MK11 3LW, UK
UKHW020131080726
13614UKWH00005B/2169